풀이 받은 상처는
향기가 된다

풀이 받은 상처는 향기가 된다

초판 1쇄 인쇄 2021년 2월 10일
초판 1쇄 발행 2021년 2월 15일

지은이 이채은
펴낸이 金泰奉
펴낸곳 도서출판 띠앗
등 록 제4-414호

편 집 박창서, 김수정
마케팅 김명준
홍 보 김태일

주 소 (우) 05044 서울시 광진구 아차산로 413(구의동 243-22)
전 화 (02)454-0492(代)
팩 스 (02)454-0493
이메일 ddiat@ddiat.co.kr
홈페이지 www.hansom.co.kr

ISBN 978-89-5854-130-1 (03810)

*책값은 표지에 표시되어 있습니다.
*잘못 만들어진 책은 구입하신 서점에서 친절하게 바꿔드립니다.

풀이 받은 상처는
향기가 된다

이채은

도서출판

| 시집을 열며… |

인체조직 기증(人體組織 寄贈)

To Remember me - I'll live forever
나는 영원히 살 것입니다

— 로버트 N. 테스트

언젠가는 나의 주치의가 뇌기능이 정지했다고
단정할 때가 올 것입니다
살아 있을 때의 나의 목적과 의욕이
정지되었다고 선언할 것입니다
그때 나의 침상을 죽은 자의 것으로 만들지 말고
산 자의 것으로 만들어주십시오

나의 눈은 해질 때의 노을을,
천진난만한 아이들의 얼굴과
여인의 눈동자 안에 감추어진 사랑을
한 번도 본 일이 없는 사람에게 주십시오

나의 심장은 끝없는 고통으로
신음하는 사람에게 주십시오

나의 피는 자동차 사고로 죽음을 기다리는
청년에게 주어 그가 먼 훗날 손자의 재롱을
볼 수 있게 하여 주십시오

나의 신장은 기계에 의존해
삶을 영위하는 형제에게 주시고
나의 뼈와 근육의 섬유와 신경은
다리를 저는 아이에게 주어
그 아이가 걷게 하여 주시고
나의 뇌 세포를 도려내어
말 못 하던 소년이 함성을 지르게 하고
듣지 못하는 소녀가 그녀의 창문에
부딪히는 빗방울 소리를 듣게 하여 주십시오

그 외에 나머지들은 다 태워서 재로 만들어
들꽃들이 무성히 자라도록 바람에 뿌려주십시오
당신이 무언가를 매장해야 한다면
나의 실수들을, 나의 나약함을 나의 형제들에
대한 편견들을 매장하여 주십시오.

나의 죄악들은 악마에게, 나의 영혼은
하나님에게 돌려보내 주십시오

우연한 기회에 나를 기억하고 싶다면,
당신들이 필요할 때 나의 친절한
행동과 말만을 기억해 주십시오

내가 부탁한 이 모든 것들을 지켜준다면
나는 영원히 살 것입니다.

※ 이 시는 미국의 기증운동 선구자인
로버트 N. 테스트가 모두에게 보내는
영혼의 메시지입니다.

| 목차 |

시집을 열며…/ 4

제1부 오늘을 산다
재생을 꿈꾸는 가녀린 인생/ 14

어머니·Ⅰ/ 15

모종의 행복/ 16

숨바꼭질/ 17

엄마에게 드리는 노래/ 18

우물/ 21

오지 않는 밤/ 22

동백꽃/ 23

그립고도 그립습니다/ 24

보온병/ 25

마음의 필통/ 26

그대의 바램/ 27

그립다/ 28

극[極]/ 30

귀뚜라미 울음소리/ 31

가을 소리/ 32

해야/ 34

풀이 받은 상처는 향기가 된다/ 36
비록, 못다 핀 꽃이지만/ 39
너/ 40
시계/ 41
돈/ 42

제2부 행복의 열쇠
오늘을 산다/ 44
시작/ 45
비의 경계에서/ 46
호수/ 48
인간 분실물 센터/ 49
탄생과 죽음/ 50
청춘 앓이/ 51
사진/ 52
바람개비/ 53
행복의 열쇠/ 54
장애는…/ 57
왜곡/ 58
커버린 슬픔/ 59
그 사람을…/ 60
실패와 포기는 다른 것/ 62

사랑 · I / 63
내가 그러하였듯이/ 64
지워지지 않는 사람/ 66
햇살이 따스하다/ 67
있고… 있다/ 68
달콤한 잠에서 깨어/ 70
행복통장/ 72
어디로 갈까/ 74
인생은 기차여행과 같다/ 75
느낌/ 78
봄아, 너가 그립다/ 80
벽돌시/ 81
시간이란 거…/ 82

제3부 마음정리
여인/ 84
가시덤불/ 85
그 이름 위해/ 86
꿈은 꿈이니/ 87
빈자리 · I / 88
빈자리 · II/ 90
꽃 한 송이/91

걷다 걷다가/ 92

무지개/ 93

그냥 친구 진짜 친구/ 94

하늘도 울고 있나 봅니다/ 96

상대를 진심으로 사랑하고 있는가?/ 97

일생, 별 것 없네라/ 98

마음정리/ 99

이유를 묻지 마세요/ 100

사랑 · II/ 102

당신은 모르실 거야/ 103

사랑보다 깊은 상처/ 104

나비/ 105

술에 취하노라/ 106

그대 곁에 잠들고 싶어/ 107

행복이 있다/ 108

그리움/ 110

사랑의 짐/ 111

가질 수 없는 너/ 112

장미/ 113

용서/ 114

나를 잊지 말아요/ 116

가나다라마바사아자차카타파하…/ 118

하파타카차자아사바마라다나가…/ 119

머리가 마음에게 지는 이유/ 120

제4부 꽃과 시

광대/ 122

눈물을 삼키면 안 되는 이유/ 123

시간이 지우개입니다/ 124

물이 되고 구름 되리라/ 125

꽃과 시/ 126

향수/ 127

빗소리/ 128

몸살/ 129

어떤 이들은/ 130

모래/ 131

시선 / 132

나를 잊지 말아요/ 134

그래도/ 135

꽃/ 136

슬픈 추억/ 137

세상살이/ 138

밤하늘 별/ 139

날개 옷/ 140

천성/ 141

이제야, 그립다/ 142

빗속의 강아지/ 144

지하철/ 146

생각하세요/ 147

은빛 물결/ 148

바다와 갈매기/ 149

여름날의 모기/ 150

우리가 살아가는 법/ 151

풀과 꽃과 사람들에게/ 152

꽃을 꺾지 마세요/ 153

동업자/ 154

행복의 크기/ 156

아름다움을 자랑하던 철나무/ 156

살살이꽃/ 157

어머니·II/ 158

인스턴트커피/ 159

효/ 160

제1부
오늘을 산다

🌱 재생을 꿈꾸는 가녀린 인생

달성한 비루한 욕망이
허탈에 빠져 송장이 되어 걷던 날
미련조차 가슴 아파
꺼져가는 영혼을
불러 세우기도 거부한다

그래도 산 육신이라
취기가 가셔지면 뿌리 잃은 영혼 찾아
목 놓아 우는 산송장

번연히 헛된 줄 알면서도
허탈 속에 재생을 꿈꿔보는

오오,
불미로 가득 찬 가녀린 인생
그 언제 가야 초탈의 경지에 이르러나 보나.

어머니 · I

고장 난 시계처럼
정지된 시간이 서러워
못내 그리워 하늘을 본다

언제부터인가 대답 없는 빈자리
점점 가물거리는 소중한 존재의 이름
아주 가끔 봄비가 되어
큰 대답을 하듯이 소나기가 되어
마음속에 들어찬다

환청처럼 울림을 준다면
그림자 되어 늘 그 모습이라면
기다림을 가질 덴데
서러워할 시간도 지워놓고
세월은 눈물마저 마르게 한다

오늘도 살아 있음에
작은 부끄럼을 하나 만들어놓는다.

모종의 행복

여린 부리 한가득
이슬 모이 머금고
옹기종기 모여 있던
초록 병아리

날마다 한 뼘씩 마음도 자라
소풍을 떠나려고
기지개를 켠다

모든 걸 나눠주고
빈 몸으로 돌아누우면
몰라줘도 서럽지 않은
고단한 행복

바람이 위로하듯
토닥여 주니 달빛 이불 덮고
흙으로 돌아가는 꿈을 꾼다.

숨바꼭질

꼭꼭 숨어라 머리카락 보일라
하얀 우유 속에 숨었니?
넓은 치마폭 속에 숨었니?

꼭꼭 숨어라 머리카락 보일라
굳은살 박힌 손에 숨었니?
다 닳아져 버린 신발 속에 숨었니?

꼭꼭 숨어라 머리카락 보일라
꼬불꼬불한 주름살 속에 숨었니?
흰머리 숲에 숨었니?

꼭꼭 숨어라 머리카락 보일라
옳다구나 찾았구나
우리 어머니에게 숨었구나.

엄마에게 드리는 노래

천 번을 불러도
언제나 포근히 안겨오고
만 번을 들어도
언제나 싫증 안 나는
엄마란 부름 속엔
얼마나 살뜰한 정이 깃들어 있는가

다정한 그 부름 속에서
아가는 한 살 두 살 커가고
자식들은 하루하루 성숙되어 간다

갓 말을 배울 때 엄마란 말을
노상 입에 달고 다닌다

배고파도 엄마를 부르고
목말라도 엄마를 부르고
추워도 엄마를 부르고
괴로워도 엄마를 부르고

넘어져도 엄마를 부르고
무서워도 엄마를 부르고
놀라도 엄마를 부르고
깨어나도 엄마를 부르고
엄마가 생각나면 더욱 엄마를 부르고
이렇게 엄마를 쉼 없이 부르지만
항상 몸 가까이에 있어
마시면 그만큼 채워지는 물처럼 공기처럼
귀한 줄을 자식들은 모른다

버리고 없어진 다음에야
세상에 둘도 없는 소중한 존재임을
뒤늦게야 깨닫고 후회를 한다
그래도 정 깍쟁이 자식들을
엄마는 한마디 원망도 없이
포근히 안아주고 감싸준다

엄마는 햇빛 같은 사랑으로

자식들의 동년시절을 꽃단장시켰고
엄마는 열정과 심혈을 반죽하여
자식들의 학습생활을 다채롭게 하였고
엄마는 온갖 정성을 몰부어
자식들의 심신 건강을 지켜주었고
엄마는 옹근 청춘을 지불하여
자식들의 무지개 인생을 그려주었다

그래서 엄마를 찬미하는 노래가
지구촌 곳곳에서 울려 퍼지는가 보다
자식들의 투정을 해면처럼 받아주고
사랑은 주기만 하고 받을 줄 모르는
다정하고 다감한 엄마가 아닌가

하여 엄마의 너그러운 품은
바다를 한 품에 안을 수 있고
하여 엄마의 안온한 품엔
위대한 모성애가 숨 쉬고 있어라.

 ## 우물

달빛에 그을린 창틀에서 팔꿈치로
흘러들어오는 시간을 마음으로 맞이하고
아릿한 손톱 사이는 어느새 핏빛을 띤다

벽돌마다 자라난 이끼마냥
눈물 뿌리고 키워낸 실낱같은 풀때기
이름 없고 꽃 없이 살던 삶이
가만히 보니 흐르는 물 부여잡고
뿌리 내렸나 보다

겨울바람 귓불을 스칠 때
따스한 희망마저 빼앗아갔나
바닥까지 치달아
깊숙한 구멍만 남겨져 있네

잊었다 여기가 우물이었구나
여기가 바로 내 마음속이구나.

오지 않는 밤

밤은 오지 않고
태양은 지지 않는다

지지 않는 태양은
무한한 시련의 고통
타는 듯한 갈망의 손짓은
공허한 사랑을 향한 갈증

물처럼 쏟아지는 눈빛은
태양에 대한 분노와 밤에 대한 소망

사막의 노란 모래알처럼 조각난
영혼의 방황은 바람결에 휩쓸린다

메마른 심장은
붉은 태양처럼 타들어간다
밤은 좀처럼 오지 않고
태양은 좀처럼 지지 않는다.

동백꽃

이별의 아픔이 얼마나 크기에
이리도 붉게 피어났을까

그 혹독한 겨울
꿀의 달콤함 속에서
평생을 함께할 것 같았던
동박새마저 떠나버리자
사방에 펼쳐진 붉은 주단들

너도 나도 애달파라
겨울에게는 이별의 정표
반복된 운명 속에
만남과 이별을 반복하며
닳아 없어진 너의 마음을
동박새는 알까.

그립고도 그립습니다

추울 때 햇살 한 줌 그립고…
외로울 때 사랑한다
한마디 그립습니다

목마를 때
목 축일 냉수 한 그릇이
그립고 그립습니다

눈꽃이 떨어지는 날엔
고향이 그립습니다

힘이 들어 지쳐 있던 날
등에 업어 녹여주시던
할머니의 따뜻한
체온이 그립습니다.

보온병

겨울 추운 날씨에도
온기를 잃지 않고 버티는 보온병
추운 겨울 언 손으로
보온병을 열어 물을 마시면
추운 날씨 속 따뜻함이 어색하게 느껴진다
이 온기를 지키기 위해
너도 참 온 힘을 다했겠다

여름 더운 날씨에도
차가움을 지켜내는 보온병
더위에 익은 손으로
보온병 열어 물을 마시면
보온병도 뜨거워진 더위에
시원한 물이 어색하다
이 냉기를 지키기 위해
너도 참 온 힘을 다했겠다.
세파에도 결국은 내 온도를 지켜낼 줄
아는 너와 같은 내가 되길….

마음의 필통

사랑은 필통이다
나의 마음
너의 마음

모두 넣고 싶어 하는
네가 내 마음의 필통에서
사랑 한 개를 꺼내가면
사랑이 빠진 공간에
너를 채우고자 한다

나는 너의 마음대로
할 수 있는 너의 필통이다

사랑을 새버리는 주인인
너를
내 마음 가득 채워주세요.

그대의 바램

행복이 무엇이냐 물었던 그대의 얼굴
마지막 순간 답을 찾았나요

항상 고통으로 일그러졌던 그대의 얼굴
마지막 순간 밝게 빛났지요

항상 고맙다고 말해줬던 그대의 한마디
언제나 나를 웃게 만들었죠

짧은 시간 동안 함께했던 그대와 나
사랑의 손길이 도움 되었을까요.

그립다

지고 있는 달에 비껴
흐느껴지는 내 이 마음
처량한 이 마음 달랠 길 없어서
쓰디쓴 술 한 모금 삼켰더니
쓰구나…
엉거주춤하는 내 이 마음처럼 쓰구나

달빛에 흔들리는 내 눈초리
도대체 걷잡을 수 없어서
야채 한 오리의 시오마냥
또한 밤하늘의 떨어지는 유수를 그리니
이 험난한 사랑 길에
비춰주는 그 처량한 달빛마저 그립다

그리움이 일러주는 길 따라
이 한 몸 정처 없이 떠나지만
찾아야 할 흔적조차 없더구나

한 떨기의 흩어진 구름마냥
이 몸도 산산이 부서져 있지만
둥둥 뜨고 있는 이유는
구름도 나처럼 그리움에 적셔 있는 것일까

가엾도다 가엾도다
쓴 한 모금의 술이 입가에 닿을 때
이미 쓰러져 있는 저 달빛
오늘따라 처량하기 그지없구나

지고 있는 달에 비껴
그리움도 그림자 타고
내 맘을 스며드니
그래서 이 맘이 먼저 취해 버리는 거구나.

 극[極]

잠들 수 없는 웃음이었기에
다시 찾은 불빛의 거리
언제나 들려주던 목소리지만
하냥 오가는 속삭임 속에
그처럼 갖고 싶던 너의 아름다움이
마음에 진한 여운으로 남겨지네

다가설 수 없는 여자이기에
마음에 담그었던 모습이기에
다시 찾은 밤 깊은 거리
언제나 마주하는 술잔이지만
오늘은 말없는 흐름 속에서
그처럼 감추었던 너의 슬픔이
마음에 아픈 상처에 이슬로 내리네
다가설 수 없는 사랑이기에.

귀뚜라미 울음소리

夜 공원석 의자 홀로 앉으니
소슬한 가을바람 불어오고
숲속서 귀뚜라미 운다

夜 고요히 깊음이요,
바람도 차갑고 몸 으스스 떨리니
또 새로운 가을이 오누나
님 가신 서러움에 못 이겨
몸을 木에 기대노니
秋聲 듣다가 작년 이맘때
그리웁던 芳女 생각하고 보니
이번 秋天夜 귀뚜라미 울음소리
찐하게 들려온다.

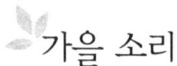 가을 소리

이 훤화하는 소리는 어찜이며
이 밤에 들리는 울음은 어찜인고?

가엽이 흐르는 나약한 소음
많은 물들이 흐르고
많은 모래가 굴러가며
많은 낙엽이 바람에 굴러
나뭇가지를 떠나
바스락거리는 이 소리
아, 가을의 소리로구나,
처량하도다

이 소리 고요하던 하늘
어두컴컴해지고 숨통이 막히누나
이게 가을의 소리구나, 거치른 숨소리로
많은 생물로 기어이 흘러 흘러
죽음으로 흐르게 몸짓하며
이게 과연 가을의 소리였구나…

처량하고 음침한 이 소음
이게 과연 가을의 소리
흘러도 울려도 결국은
마음 깊이 흐르는 살인의 소음
나 밤이 깊어서야 그 소리를 들을 수 있었다
가을 피비린 학살이 시작되는 소리….

해야

해야, 솟아라
허상 속에 자라난
욕심과 허울
배타와 이기
네 뜨거운 가슴으로
모두 태워 재 되게 하려무나

해야, 높이 솟아라
좌절 속에 파고든
시름과 고통
한숨과 눈물
네 타오르는 열정으로
모두 녹여 물 되게 하려무나
그리하여
그 태워 녹인 자리 위에
진실과 포용
희망과 신념
그 씨앗을 뿌리는 자

그 마음의 밭에 생명의 빛으로 와
싹이 트고, 꽃이 피고, 열매 맺어
그 수확의 풍요로움을 맛보게 하라
세상은 언제나 살만한 곳
행복은 늘 우리 곁에 있다
허상의 종착역은 허무요
좌절의 부산물은 자학일 뿐이다

해야! 드높이 떠올라
버리고 떨치고 일어나게 하라
인생은 짧은 것이 아니다
기나긴 여정일 뿐 우리는 언제나
오늘이라는 출발점에 서 있는 것이다

해야! 가슴을 편 자 빛을 볼 것이요
고개를 숙인 자 그림자를 볼 것이다
해야! 해야!
찬란히 빛나라.

풀이 받은 상처는 향기가 된다

사람은 상처를 받으면
비명을 지르거나 욕을 하거나 화를 낸다
분노하고 고함지르고 보복하려 하고
때로는 좌절한다
그러나 풀은 상처를 받았을 때 향기를 내뿜는다
그 향기는 그냥 만들어지는 것이 아니다
바람에 쓰러지고 비에 젖고 찬 서리에 떨어야 한다
땅 밑까지 휘어지고 흙탕물에 젖어도
꺾이지 않아야 한다
보살펴주는 이 없는 거친 들판에서
억센 발에 짓밟혀도 새로이 솟구쳐야 한다
고통과 시련에 굴하지 않고 오해와 억울함에
변명하지 않고 꿋꿋하고 의연하게
다시 제자리로 일어서야 한다

풀의 향기에는 살을 에는 아픔이 숨어 있다
그러나 풀은 말하지 않는다
그저 조용하게 향기로 미소 지을 뿐이다

상처는 다 아픔과 독기가 되는 줄 안다
그러나 향기가 되는 상처도 있다
상처가 향기가 되면 가슴 저린
아름다움이 묻어난다
상처받은 풀이 내뿜는 향기는 상대를
감동시키고 취하게 한다

향나무는 자기를 찍는 도끼에 향기를 묻혀준다
향나무의 입장에서 보면
자기를 찍는 도끼는 원수다
그럼에도 향나무는 자신의 아픔을 뒤로하고
원수의 몸에 아름다운 향을 묻혀준다
피아의 구별이나 원망은 사라지고
관용과 화해만 있을 뿐이다

진짜 향나무와 가짜 향나무의 차이는
도끼에 찍히는 순간 나타난다
평소 겉모습은 같아 보이지만

고통과 고난이 닥치면 진짜는 향기를 내뿜지만
가짜는 비명만 지르고 만다

사람도 마찬가지다
재물의 크기가 아니라
내뿜는 향기와 비명에 따라 그 품격이 결정된다
내가 세상을 향해 매연을 뿜어내면
남들만 상처받는 것이 아니라
내 호흡기도 해를 입게 된다

결국은 그 독기가 나에게
되돌아오게 되는 것이다
상처와 분노를 향기로 내뿜어야
나도 향기로워질 수 있다
깊은 향

아름다운 세상은
그렇게 함께 만들어가는 것이다.

비록, 못다 핀 꽃이지만

온 세상이
분홍빛으로 작열했던 작년 4월
그대와 함께 걸었던 그 길을
달력 장을 열두 번 찢어낸 지금
나 홀로 걷고 있습니다

그때
꽃잎들을 다 쏟아내었던
나무는 또다시 꽃을 피워냈건만
그대는 더 이상 꽃을 피우지 않네요

내 눈에서
꽃잎들이 아지랑이처럼 쏟아집니다
땅을 적시는 이 꽃잎들을
얼마를 흘려야
그대 귓가에 닿을까요.

너

네가 보고 싶었다

나는 펜을 잡고
새하얀 종이를 펼쳤지만
어째서인지 넌 아른거리다 못해
흐려지는 건지

볼을 타고 흐르는 게
너에 대한 나의 마음인지
너를 향한 나의 고백인지
알다가도 모를 나는
그저 너를 사랑한다.

시계

초침이 오른쪽으로 돌아간다
커다란 시계판 위를 벗어나지도 않고
중심을 가지고 부지런히 간다
분침도 오른쪽으로 돌아간다
시침과 꼭 닮기도 했지만
그보다 우리에게 더 가까이 닿아 있다

시침이 천천히 오른쪽으로 돌아간다
가만히 보면 모르다가도 어느새
저편 하늘로 저물어가는 태양처럼
우리에게 때를 알려주는 세 개의 바늘은
한 치 어긋남도 없이 맞물려
태양의 그림자를 따라
오른쪽으로 돌아간다.

돈

세상은 돈으로 돌아간다
돈은 돌고 돈다
나는 돈을 번다

가족은 편안을 원한다
편안은 돈을 원한다
돈은 나를 원한다
나는 가족을 원한다
나는 돈을 번다.

제2부

행복의 열쇠

오늘을 산다

어제와 다를 것 없는 하루
한없이 작아지는 나
세상 모든 것은
나와 반대로 흐르고
사람들은 날 비웃네

끔찍한 외로움을 품고
반대로 또 반대로 지나쳐간다

어제와 다를 것 없는 하루
그것이 나를 살게 한다

나를 거스르는 모든 것이
나를 괴롭히던 모든 것들이
매일 똑같이 나를 물고 뜯던 그런 것들이
오늘의 나를 살게 한다.

시작

한 발 내딛으면
자신감이 생기는 즐거운 여행
두 발 내딛으면
세상이 바뀌는 신기한 여행
세 발 내딛으면
해내고 싶다는 마음이 샘솟는 여행
네 발 내딛으면
또 다른 여행을 생각하는 아름다운 여행

가끔은 여행을 가다가 사고를 당하기는 하지만
실패라는 가이드를 만나 힘들어할 때도 있지만
긍정적인 마음을 가지고 웃어넘긴다면
언젠가는 성공이라는 목적지에
도달하는 기쁨이 넘치는 여행

비의 경계에서

가끔 경계 밖에서
뛰놀고 싶을 때가 있다
삶도 죽음도 아닌
인생이라는 외줄 아지랑이 같은
외길로 걸어가는 매일
의미 없이 흘러서 갈 죽음이라는 심연
그 위에서 살짝 깃털처럼 내려와
발끝으로 창공을 누비며
날아다니는 민들레 홀씨로 만든
양산을 들고 이름 모를
이국의 춤을 추고 싶을 때가 있다

해가 질 때까지 구름 아래서 뛰논 다음
달의 그림자를 등에 진 채로
돌아가고 싶은 그런 때가 있다

눈앞에 장막처럼 펼쳐진

빗방울의 베일
거울 같은 수면을 깨고
날아오르는 물고기처럼
그 커튼을 살짝 들추고
뛰어들어 춤추는 빗방울의 손을 잡고
눈 밭 위 강아지처럼
팔짝팔짝 뛰고 싶은
때론 그런 날이 있다.

 호수

호수에 비 내리듯
마음에 비가 내리고
심장 고동처럼 번진 빗소리에
출렁이는 호수 같은 밤
비 내린 잔잔한 호수에
별 비치듯
잎사귀 하나의
흔들림도 없는
밤이 되어라.

인간 분실물센터

나는 오늘도 여기에서 기다립니다
자신의 근원보다 더 무거운 철문이 굳게 닫친
빛 한 점 들어오지 않는 오독의 시간 속에서
나는 기다립니다
얼마가 지났는지
여기가 어디인지도 모르고 기다립니다

당신이 나를 영영 찾을 수 없을까 봐
그만 모래성처럼 무너질까 봐
내 이름을 적어 나아갑니다
당신이 나를 부를 때까지

철컥, 조바심은 아주 가벼운 소리로 다가오고
이번만큼만은 제발 나를 지나치지 않기를
그대의 품으로 돌아갈 수 있기를 기도합니다

철컥, 기다림은 아주 가벼운 소리로 사라지고
나는 오늘도 여기에서 기다립니다.

탄생과 죽음

내가 세상과 등질 때
또 다른 생명은 울면서
세상과 마주하게 되고
틈 사이 비친 해밝은 빛으로
물들게 비춰주었다

해가 가장 높이 뜰 때
아이 눈에선 천사가 숨어 있는 듯
지그시 방긋 웃고 나를 바라본다
천사는 점점 자라는데
난 달라진 게 없다고 느끼는데
주변에선 많이 달라졌다 한다

내가 세상과 용기 내어 마주할 땐
천사는 이미 슬픔에 잠겨져 있다
창살 밖 노을이 어두운 듯 붉게 비춰졌다
미안하다며… 사랑한다고.

청춘 앓이

감성적인 하늘
오른 별 왼 별
지금 네가 보고 있는 건
희뿌연 새까만 내 꿈들 들,

낯익은 소리에 가려진 시야
캄캄한 감성을 올려다보면
역시나 희뿌옇고
까만 하늘 송송송

빛을 피어내는 꿈들
내 눈 한가득 담은 큰 꿈들은
아직도 까만 꿈들이
하얀빛을 내는 순간까지
내 젊은 청춘을 바치네
먼 훗날 바쳤던
청춘이 웃을 때까지….

사진

비록 형상만 남았다고
공허한 눈빛에 온기조차 없어도
내가 사랑하던 이의 모습 그대로
그는 전혀 변하지 않는다

한낱 종이 위에 새겨진
사자의 흔적이라 여기지 말라

그의 존재 어디서도
찾아볼 수 없거니와
여기서가 아니라면
두 번 다시 볼 수 없으니.

바람개비

바람을 마주하며 걷다 보니
바람개비를 든 꼬마들을 만났습니다
무엇이 그렇게도 좋은지
아이들은 한 입 가득 바람을 넣으며
즐거워했습니다
바람을 맞을수록
힘찬 소리를 내짖는 바람개비 속에서
바람개비가 나였는지, 내가 바람개비였는지…
하늘은 슬프도록 낯설었고
바람은 시리도록 나를 흔들어놓았습니다
해맑음을 까르르르 터뜨리는
아이들의 웃음 속에서
바람을 마주하며 걸었습니다.

행복의 열쇠

오늘 어두웠던 마음에
행복의 열쇠를 드리려 합니다
미간을 찌푸리며 마음에 닫혀진
미움의 문이 있었다면 미움을 열 수 있는
열쇠를 드리려 합니다

부드럽지 못한 말로 남에게 상처를 준
칼날의 문이 있다면 용서를 구할 수 있는
넉넉한 마음의 열쇠를 드리려 합니다

내가 나에게 약속한 것을
지키지 못한 문이 있다면
내일에는 그 약속을 지킬 수 있는
확고한 믿음의 열쇠를 드리려 합니다

내가 남에게 먼저 손 내밀지 못하는
닫혀진 배려의 문이 있다면

내일에는 먼저 손 내밀 수 있는
배려의 열쇠를 드리려 합니다

문득 수고로 일관하며 노력하는
발의 지침을 알지 못하는 문이 있다면
수고의 문턱을 알 수 있게
노력하는 열쇠를 드리려 합니다

행여 사랑에 갈급하여 헤메이는
주소 없는 빈 사랑이 있다면
사랑을 찾아 나설 수 있는
그리움의 열쇠를 드리려 합니다

그리하여 그 사랑이 잉태되는 날에
그 열쇠 다른 이를 위해
소중히 간직하길 바랍니다

건너편의 행복을 찾기 위해

길을 나서는 자에게
나룻배의 노를 풀 수 있는
희망의 열쇠를 드리려 하니
천상의 노래로 힘차게 저어 가십시요
그리하여 생의 찬미를 느끼고
닫혀 있던 마음에 생기를 불어넣는
고귀한 열쇠를 날마다 가슴에 달고
오늘의 삶의 여정 더 높게만 하소서.

 장애는…

누구도 나 자신이
장애인이 될 거라는 생각을 하지 않습니다

설마, 내가… 나는 아니야…
그러나 사고는 예외가 없습니다

장애, 예방이 먼저입니다.

왜곡

직선으로 그었건만
왜 곡선이라고 말하는가.

커버린 슬픔

나는 자주 수시로 운다
아마 키가 커버린 탓이다
세월이 쌓여 쌍꺼풀이 되 버린
아빠의 눈 윗주름
일할 때 꼭 묶어두어
얇아진 엄마의 머리카락
이젠 다 보인다

어른이 되어도
덜 울지 않는 이유는
다 키 때문이다
다 자란 사람들의
다 아물지 못한
슬픔이 보이기 때문이다.

그 사람을…

가까이 가까이 다가오며
"너만 바라볼 거야"
찾아오는 그 사람을 나는 보내야만 했습니다

언제나 언제나 손 저으며
"항상 지켜줄 거야"
기다리는 그 사람을 나는 보내야만 했습니다

웃으며 행복에 바라보며
"니가 있어 행복하다"
말해주는 그 사람을 나는 보내야만 했습니다

간신히 간신히 소리내어
"…사랑한다"
안아주는 그 사람을 나는 보내야만 했습니다

사랑에 눈이 메여 사랑으로 아플
그 사람에 마지막 미소 없이

일찍이 보내야만 하는 것이
　내가 줄 수 있었던 단 한 가지…

〈당신이 사랑한 사람이 사랑을 알게 한 고마운 사람이었다면 당신을 사랑한 사람은 사랑을 배워준 고마운 사람이었습니다. 발레타인데이 빌어 사랑을 아끼지 않았던 사람들 행복해 지기를…〉

-눈의 꽃-

실패와 포기는 다른 것

살아가면서 겪는
슬픔과 기쁨 중
우리가 느끼는 것은
결국 후회와 절망
언젠가부터 자신도 모르게
비관적 관념을 갖게 된다

그리고 반성한 어제의 잘못과 계산
수없이 많은 생각들로
우리의 머리 속을 감싸지만
결국 결론이 나는 건
앞으로 후회하게 될
단 하나의 선택
예측하면서도 두려운 건
그것을 어쩔 수 없는 것
피하지 못한다면 부딪쳐 해결하라 즐겨라
그것이 두렵다면 어제로 돌아가라.

사랑 · I

하얀 종이 한 장에 나는 글을 쓴다
더러워지지 않게 이쁘고 정성스럽게
나는 당신을 사랑합니다

그러나 내 나이가 너무 많은가 봅니다
그래도 최대한 깨끗하게
이쁘고 순순한 마음으로
사랑을 노래하렵니다

내가 당신을 사랑하는 마음이 거짓이 아니듯
내 사랑도 언젠가 이해되겠지요

비록 백지는 아니지만
그래도 묵은 종이에서는 묵은 향기가 나는
이쁜 사랑도 있다는 걸.

내가 그러하였듯이

드러나지 않게 사랑하십시오
사랑이 깊고 참대는 커질수록 말이 적습니다
아무도 모르게 도움을 주고
드러나지 않게 선을 베푸십시오
그리고 침묵하십시오

변명하지 말고 행여 마음이 상하더라도
맞서지 말며 그대의 마음을 사랑으로
이웃에 대한 섬세한 사랑으로 가득 채우십시오

사람들이 그대를 멀리할 때에도
도움을 거부할 때에도 오해를 받을 때에도
말없이 사랑하십시오

그대의 사랑이 무시당하여 마음이 슬플 때에도
말없이 사랑하십시오
그대 주위에 기쁨을 뿌리며
행복을 심도록 마음을 쓰십시오

사람들이 말이나 태도가 그대를 괴롭히더라도
말없이 사랑하며 침묵하십시오

그리고 행여 그대의 마음이나 원한이나
격한 분노와 판단이 끼어들 틈을 주지 말고
언제나 이웃을 귀하게 여기며
묵묵히 사랑하도록 하십시오.

지워지지 않는 사람

내 마음에서 지워지지 않는 사람
나의 그 사람~
나에겐 하나뿐인 사람

떠나는 널 잡지도 못해 나의 그 사람~
그래 놓고 잊지도 못해
더 이상 니가 곁에 없다는 게
나의 그 사람~

죽을 것처럼 아파도 좋아
날 다 줬으니까 나의 그 사람~
내 마음에서 지워지지 않는 사람

햇살이 따스하다

바람이 곱다
뜨거운 찻물처럼
훨훨 타오르는 열정과 낭만을 싣고
나만의 홀로 데이트를 한다

반복되는 계절 속에서
나는 누군가에게
잊혀진 사람이 됐을 것이고
나 또한 누군가를 잊어가는 사람이 된다

봄과 함께 사랑을 나누고 싶다
줘도 줘도 끝이 없고 가져도 가져도 아쉬운
그런 사심 없는 사랑
꼭 연인이 아니더라도 좋다

나의 찻잔이 식기 전에 문득 전화가 와서
만나고 싶다는 한마디를 해줄 수 있는
사람이었으면 좋겠다.

있고… 있다

내가 좋은 날에 함께했던 사람도 있고
내가 힘들 때 나를 떠난 사람도 있다
늘 함께할 때 무언가 즐겁지 않은 사람도 있고
짧은 문자나 쪽지에도 얼굴에
미소가 지어지는 사람도 있다

그 이름을 생각하면 피하고 싶은 사람도 있고
그 사람 이름만 들어도 못내 아쉬워
눈물짓는 사람도 있다

서로에게 있어 가장 소중한 사람은
지금 내 곁을 지켜주는 사람이란 걸
가끔은 잊을 때가 있다
등잔 밑이 어둡다 너무 가까이 있기에
그 소중함을 모르고 지나쳐 버리고 있는
이 시간을 그 시간을 낭비하지 마라
우리에게 주어진 시간은 생각보다
그리 넉넉하지 않으니…

사람의 관계란 우연히 만나
관심을 갖으면 인연이 되고
공(노력)을 들이면 필연이 된다
3번 만나면 관심이 생기고
6번 만나면 마음 문이 열리고
9번 만나야 친밀감이 생긴다

우리는 좋은 사람으로 만나
착한 사람으로 헤어져
그리운 사람으로 남아야 한다

얼굴이 먼저 떠오르면 보고 싶은 사람
이름이 먼저 떠오르면 잊을 수 없는 사람
눈을 감고 생각나는 사람은 그리운 사람
눈을 뜨고도 생각나는 사람은 아픔을 준 사람
외로움은 누군가에게 채워줄 수 있지만
그리움은 그 사람이 아니면 채워줄 수 없다.

달콤한 잠에서 깨어

절로 눈을 뜬 상큼한 아침
오늘도 무사히 눈 뜰 수 있고
이 아침을 무난히 맞이할 수 있음에
소박한 감사를 드립니다

주어진 오늘 하루에
감사와 만족을 배울 것이며
나보다 불쌍한 이들을 생각하며
행복의 잔을 비울 것입니다

오늘도 나와 함께
동행하는 사람들을 위해
기도드릴 것이며 그 사람들을 위해
축복의 메시지를 전달하고 싶습니다

세상에 왔다는 건
고난과 연단의 연속임에도 불구하고
삶이 가끔 주는 정열과 낭만 때문에

평범한 일탈을 꿈꿀 수 있는
작은 소망이 아닐까 생각합니다

오늘 하루도 수고하실 당신들은
세상 가장 멋지고 아름다운 사람들입니다.
오늘 하루도 그런 당신들 틈에 끼인
나 또한 가장 소중한 사람입니다

아침의 문을 활짝 열고
오늘이라는 사명을 위해
힘차게 나아가는 우리들 됩시다.

 행복통장

내게는 색다른 통장이 하나 있습니다
이 통장은 비밀번호도 없고
도장도 필요 없습니다

잃어버릴 염려도 없고 누가 가져가도 좋습니다
아무리 찾아도 써도 예금은 줄어들지 않습니다
새로 찾았어도 늘어나고 넣어도 늘어납니다

"이 통장은 추억 통장입니다"
통장에는 저희 아름다운 추억들이
빼곡이 들어 있습니다
더러운 아픈 추억도 있지만
그 아픔이 약이 되기도 합니다

나는 가끔 이 통장에서 추억을 꺼내 사용합니다
꺼낼 때마다 행복도 따라옵니다
그리고 여기에 꺼내놓았습니다
누구나 가져가십시오

원금도 이자도 안 주셔도 됩니다
행복을 주는 은행입니다

님의 통장에 "행복"을 입금시켰습니다
님의 통장에 "사랑"을 입금시켰습니다
님의 통장에 "웃음"을 입금시켰습니다
필요하시면 찾아 맘껏 쓰세요…!

어디로 갈까

어디로 갈까?
오늘 나 지금 어디로 갈까?
이정표는 많고 장소는 이곳저곳 많은데
날 불러주는 곳 한 곳 없네

난 어디로 갈까?
세상 사람 다들 어디로 가는지 몰라도
난 지금 이 길 이 똑바른 길을 가고 싶다
이정표를 무시하고 길이 뻗은 곳은
어디든지 걸어가고 싶다네

하지만 또다시 갈래길
3갈래길 4갈래길 5갈래길 길은 끝없고
난 어디로 갈까
또 고민에 빠진다
난 그런 세상에 살고 있다
난 또다시 어디로 갈까?
이정표 아래에서 생각해 본다.

인생은 기차여행과 같다

인생은 기차여행과 같다
역들이 있고 경로도 바뀌고
간혹 사고도 난다~
우리는 태어나면서부터 이 기차를 타게 되고,
그 표를 끊어주신 분은 부모님이다~
우리는 부모님들이 항상 우리와 함께
이 기차를 타고 여행할 것이라고 믿는다
그러나 부모님들은 어느 역에선가
우리를 남겨두고 홀연히 내린다~

그리고 시간이 흐름에 따라 많은 승객들이
기차에 오르내리며 이들 중 많은 이들이
나와 이런저런 인연을 맺게 된다
우리의 형제자매, 친구, 자녀
그 외 인생에서 만나는 많은 사람들이다~

그런데 많은 이들이 여행 중에 하차하여
우리 인생에 영원한 공허함을 남긴다

많은 사람들은 소리도 없이 사라지기에
우리는 그들이 언제 어느 역에서
내렸는지조차도 알지 못할 때가 많다
그래서 이 기차여행은
기쁨과 슬픔, 환상, 기대, 만남과 이별로
가득 차 있는지도 모른다~
좋은 여행이란 우리와 동행하는 승객들과
어울려 서로 돕고 사랑하며
좋은 관계를 유지하는 것이다~
그들의 여행이 즐겁고 편안하도록
내가 할 수 있는 한 최대한 배려하는 것이다.
그런데 이 여행의 미스터리는
우리가 어느 역에서 내릴지 알 수 없다는 것이다
그러므로 우리는 최선을 다해 살아가야 한다~

서로 다른 이견을 조정하고
사랑하고, 용서하고, 베풀어야 한다~
그 이유는 어느 역에선가

우리가 내려야 할 시간이 되었을 때
인생~~이라는 기차를 함께 타고 여행했던
이들과 아름다운 작별을
할 수 있어야 하기 때문이다~

내가 타고 가는 기차에 동승한
소중한 승객 중의 한 분이되어준
당신에게 감사드리며
내가 내려야 할 역이 어딘지 모르기에
"고맙습니다"라는 말 한 마디라도
미리 전하고자 한다~
저와 인생여행을 함께해 주어 정말 감사합니다
당신은 내게 참 귀한 분입니다~

 느낌

생각만 해도 가슴이 두근거리는
그런 사람이 있습니다…
보고 있어도 자꾸만 보고 싶어지는
그런 사람이 있습니다…
소박한 말 한마디에 정이 묻어나는
그런 사람이 있습니다…
조용한 다독임에도 힘이 되어주는
그런 사람이 있습니다…
눈빛만 봐도 마음을 읽을 수 있는
그런 사람이 있습니다…
잔잔한 미소가 편하게 느껴지는
그런 사람이 있습니다…
내가 가진 모든 걸 아낌없이 주고 싶은
그런 사람이 있습니다…
내 말 한마디에 상처받을까 조심스런
그런 사람이 있습니다…

이런 당신은…
내겐 너무나도 소중한 행복이고 축복입니다…
이런 당신은…
평생을 두고 아름답게 가꾸고픈
나의 소망입니다.

봄아, 너가 그립다

따스하고 화창한 봄
겨울 가면 오게 될 봄
겨울아… 빨리 가…
미안해. 너한테 잔인해서…
하지만 너도 잔인하게 춥잖아
너무 속상해하지 마
너의 하얀 눈꽃
너무 좋아하니까.

벽돌시

나는 벽돌베개로 벨 수 있고
망치로도 쓸 수 있다
나는 벽돌무기도 될 수 있고
아파트도 지울 수 있다
나는 벽돌 거칠지만 사랑스럽고
평범하지만 자랑스럽고
흔하지만 보배로구나
이 땜에 소박하지만
묵직한 벽돌로 딴딴한 벽돌로
위대한 벽돌로 참사랑에 도장을 턱!
찍으련다
생의 종착역까지 턱!
나는 벽돌이 좋아
나는 벽돌이 되겠다
쓸데 있는 벽돌

시간이란 거…

되돌릴 수 없는 것이다…
시간이 지나면 모든 게 추억이 될 뿐이다
좋은 추억이 될 수 있듯이
나쁜 추억이 될 수도 있다

모든 것은 자기 하기 나름일 뿐이다
지금 내가 하고 있는 행동과 생각에 따라
좋은 추억이 될 수도 있고
나쁜 추억이 될 수도 있는 것이다

후회할 짓은 하지 말자!
그게 좋은 추억을 만들면서 살아가는 길이다.

제3부

마음정리

여인

아주 많이도 난 그 여인을 사랑하였어라
최근 그 여인의 가식됨을 인해 화가 치밀고
다시 눈빛을 보오니, 벌써 냉랭해진 우리 사이
그럼에도 난 헤어 나오지 못하였소

너도 나도 애당초 만남은
울렁이지 말아야 한다며 하늘을 저주하였소…
우리의 만남은 캄캄한 밤,
황량한 사막에서 말라버린 오아시스…
끝도 미지도 보이지 않는 곳
미친 듯이 톺아오르는
벼랑 끝에서 떨어져야 했음을…
영원히 걸어서 가야 할 그곳이어야
우뚝 섰던 그 여인 새로이 향한 사랑,
싹트오니 아아~
이제 나 어이하리까? 하고 울며…
그대를 향한 진통아 잉태하라 하였더니
아픔이란 열매를 해산하고…

가시덤불

이내 몸을 찢더니
둥글게 네모나게 변해
스륵 움직이며
훌랑 개울가를 건너다 찌르면
피해도 찔림은 가시덤불인 것을
아프디 아픈 상처가
밀물과 썰물에 밀려
호곡하되 매몰된 마음은
삐걱거리며 웃누나…

이제 달려와 가시덤불을 포옹할세라
둥글게 네모나게 갈라지더니 퇴색하더라
아, 민망스런 사랑이더라…

가시덤불을 사랑했던 연고로
상처가 찢어져 흐르는 피 굳어졌음을…

그 이름 위해

다시는 보기도 싫을지도
듣기도 싫을지도 않을
그 이름,
마음만은 그러지 못해서
먹물 치른 캄캄한 밤에
홀로 눈물 휘뿌리며
그 이름 위해 슬픈 노래 부르네

먼 하늘 아래 바닷가에서
출렁이는 파도 물에 발목을 적시며
뼛속 깊이 스며든 지울 수 없는
그 이름 위해 자지러지게 노래 부르네

알면서도 모르는 척
하지만 마음속 어느 한 골짜기에
지울 수 없는 그 이름
언젠가는 접수해야 할
그 이름 위해 노력하리라.

꿈은 꿈이니

지키지 못한 약속들이
머리 뒷전에 쌓여 있거늘
하루하루 힘든 삶 속에
이 몸은 돌이 돼가니
쌓여가는 고독함이
하늘에 걸려 있으니
태어나 이 세상 놀래고 싶은데
꿈은 꿈이니
이 마음속에 그대로 썩어야 하네.

빈자리 · I

당신이 떠나간 빈자리를
그대로 두고 기다려본다
기다리다 지치면 추억을 떠올리며 웃어본다

웃다가 지치면 거울을 보며 원망한다
원망할 당신도 없는 빈자리를 두고서
매일 이 생활을 반복하며
멀쩡해 보이는 당신을 다시 원망하면서
저 빈자리를 바라본다

생각보다 절망적이었다
생각보다 위로도 되지 않았다
당신을 이해하려다가도
내 마음을 찢어놓은 당신을 미워한다

생각보다 충격이었다
갑작스러운 이별에 나는 몹시 당황했다
붙잡을수도 없는 당신의 마음이

무척이나 파괴적이다
지금 이 순간 가장 두려운 것은
당신이 돌아오면 이 모든 시간을 잊은 채
달려갈 나의 모습이다.

빈자리 · Ⅱ

내가 이곳을 지키는 까닭은
당신에게로부터 멀리 있기 위함인데
겨우 여기까지만 왔네요
당신을 잊는 일은
구름이 해를 가릴 수 없는 일과 같지요
내가 이곳을 지키는 까닭은
당신을 기억하기 위함인데
기억보다 더 진한 커피가
나를 더욱 힘들게 하지요
오히려 당신과 마주 앉아서
인사를 나누었던 그때가
더 쉽게 잊을 수 있나 봐요
빈자리를 바라보며
그리움을 모아 구름에 실어
당신을 괴롭히고 싶지요
눈물도 웃음도
당신 때문인 것을
목 놓아 부르고 싶지요.

꽃 한 송이

길옆에 떡하니 피어 있는 꽃 한 송이
너무 아름다워 나도 몰래
허리 꺾어 집으로 가져왔네
달빛이 스며든 텅 빈 집에 들어오니
내 손에 안긴 그 꽃이 너무나도 안쓰러워
선물로 꽃을 받아보고 싶다던 그대 한마디가
문득 생각나서 나도 몰래 손이 앞서
그 허리 잔인하게 꺾었던 거 같네

늦었지만 지금이라도 해주고 싶은 마음에
그대 사진 앞에 그 꽃을 예쁘게 올려주었네
예쁘게 웃는 그대 사진에 예쁜 꽃 한 송이 수놓아
아름다움이 집 안 가득 넘쳐나는 거 같아
기분은 좋네
좋은 곳에서 좋은 사람 만나고
예쁜 꽃도 많이 받고
예쁜 삶을 살기를 진심 어린 기도하며
오늘도 그대 그리움에 술 한 잔 기울이네.

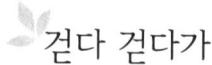 걷다 걷다가

걷다 걷다가 이 몸이 무능함을 느꼈다
걷다 걷다가 이 몸이 초라함을 느꼈다
걷다 걷다가 이 몸이 외로움을 느꼈다
걷다 걷다가 이 몸이 비참함을 느꼈다

지금이라도 늦지를 않으니
용기를 내여 다시 시작하고 싶은데
몸과 마음이 만신창 되었으니
누구를 탓하고 누구를 원망해야 하는 데

울고 싶고 미치고 싶거늘
바람되여 저 하늘을 떠다니고 싶고
흙이 되여 저 땅속으로 스미고 싶은데
하늘도 땅도 받아주지 않는구나.

무지개

무지개 속을 걸어간다
비탈길 따라 넘어지고 엎어지면서
꿈을 안고 걸어가는 오늘과 어제는
울퉁불퉁 끝이 없는 한 폭의 그림

저녁노을 비낀 나루에서
영각소리 울리는 저 언덕에서
연기처럼 없어지는 한 줌의 모닥불마냥
모든 것이 사라진 고요 속에 남아 있다

그리움과 아쉬움이 마치 칠색단처럼
칠색으로 모든 것을 묶을 수 있다면
내 몸에서 오직 성스러운 것들만 골라
정결한 바구니 속의 담기
한 송이 꽃이 되어 무지개로 감싸이고
좋은 곳에 놓여서 모든 결말을
수놓은 듯 장식하고 조용히
그리고 이쁘게 사라지고 싶다.

그냥 친구 진짜 친구

그냥 친구는
당신이 우는 걸 본 적이 없습니다
하지만 진짜 친구는
이미 어깨가 당신의 눈물로 적셔져 있지요
그냥 친구는
당신 부모님의 성함을 모릅니다
하지만 진짜 친구는
주소록에 당신 부모님의 전화번호까지
가지고 있지요
그냥 친구는
당신이 파티를 열 때
와인 한 병을 사 가지고 옵니다
하지만 진짜 친구는 당신이 파티를 열 때
빨리 와서 준비를 도와주고
파티가 끝나면 치우는 거 도와주느라
집에 늦게 들어가지요
그냥 친구는 당신이 밤늦게
다 잠들어 있을 때 전화하면

싫어하면서 짜증을 냅니다
하지만 진짜 친구는 짜증은커녕
전화하는데 왜 이렇게 오래 걸렸냐고 묻지요
그냥 친구는
당신의 문제들에 대해서
얘기하고자 합니다
하지만 진짜 친구는
당신의 문제들에 대해서 도와주고자 하지요
그냥 친구는
당신과 실랑이를 벌였을 때
우정은 끝났다고 생각합니다
하지만 진짜 친구는
나중에 전화를 해서 먼저 사과를 하지요
그냥 친구는
항상 당신이 자신 옆에 있어주길 바랍니다
하지만 진짜 친구는
자신이 당신 옆에 있어주기를 바라지요.

하늘도 울고 있나 봅니다

하늘도 울고 있나 봅니다
오늘밤은 하늘도 울고 있나 봐요
그리움으로 한 걸음도 다가갈 수 없는
마음을 아는지 별빛도 보이질 않네요

내가 그대를 얼마나 사랑하는지
또 얼마나 아끼고 사랑하는지
너무도 소중하고 조심스러워
차마 말로 하지는 못합니다

그대와 함께할 수 없기에 의미 없는 내 삶…
내 가슴 한쪽이 시커멓게 타들어가고 있습니다
사랑한다는 게…
이렇게 힘드나 봅니다

지금… 이 시간에도 그대를 그리워하면서
1분이라도 아니 단 1초라도
죽도록 보고 싶습니다.

상대를 진심으로 사랑하고 있는가?

상대가 아닌,
나를 위한 사랑을 하고 있는 것은 아닌지
나의 외로움과 아픔을 잠시나마 잊게 해줄
도피처에 머무르고 있는 것은 아닌지
그때 그 사람을 못 잊는 것이 아니라
사랑 하나에, 사람 하나에 울고 웃던,
누군가에게 열정적이었던
내 모습이 그리운 것일지도 모르겠다

분명한 것은, 사랑은 설렘과 떨림의 형태로만
나타나는 것은 아니라,
설명하기 어려운 여러 가지의 모습을 하고 있다
사랑이 무엇일까라는 질문의 답은 각자가
정의 내리면 그만 책임감 또한 사랑의 모습
무턱대고 상대를 책임지라는 의미보다는
내 감정에 거짓 없이
내 사랑에 책임을 지라는 뜻에 더 가까운.

일생, 별 것 없네라

잘난 너나, 못난 나나
태어나 아기로 살다
자라나 뽐내며 살다
늙어서 굽히며 살다
관 속에 숨죽여 살다
사라지고 잊혀지는 것

마음정리

마음을 정리하는 일은
너무나도 어렵다
조금만 삐뚤게 갈려고 하면
바르게 잡아야 한다

조금만 마음을 열려고 하면
그 문을 닫아야 한다
조금만 상처를 받는다 하면
옆으로 피해야 한다

그래서 마음정리 그만하고
있는 대로 살려 한다
나 자신을 좀 더 타이트하게
굴리기 시작한다

나 자신이 멈춰버리는 순간
마음정리 또 해야 할지 모르니까.

이유를 묻지 마세요

사랑의 이유를 묻지 마세요~
사랑하면 눈도 먼다는데 무슨 이유가 있겠어요~
그냥 사랑할 때 눈이 멀어도 좋으니까
눈부신 사랑을 하세요~

떠나도 이유를 묻지 마세요~
마음이 떠났는데 그 이유 따위 뭐가 중요하겠어요~
떠나는 사람은 잘 가라~
멋있게 새 삶을 그리세요~

맘 아픈 이유를 묻지 마세요~
아픈 마음 달래기도 너무 힘이 들지 않을까요?
아픈 사람 한 품 가득 따뜻하게 안아주세요~

이유를 묻지 마세요~
이유가 중요한 게 아니에요~
이유보다 결과를 받아들이세요~

글 쓰는 이유를 묻지 마세요~
글이 되여 손끝에 매달리니 쓰는 거니까요~
글 쓰는 사람이 필을 찾아 잡듯이
이유 같은 핑계에 잡히지 말고
항상 삶을 앞장서 이끌어가는
멋진 사람 되세요~

사랑 · Ⅱ

하늘과 땅의 눈물겨운 포옹 속에
내 가슴 벽을 치는
사랑의 물결노래를 이끌고
파문을 놓네

왼쪽으로 수없이 오른쪽으로 수없이
다시 모아 위로 솟으며
분홍색 노란색 파란색 서정을 낳네

세상의 어둠을 빛으로 밀며
세상의 어지러움 요술인 듯 씻으며…

아, 춤 속에 노래 속에 물결 속에
말쑥해지는 삼라만상
하늘 사랑의 힘 증보하는가
만민의 웃음의 샘터세상
사랑이 물줄기로 떨어지네.

당신은 모르실 거야

사무치게 보고 싶은
당신의 모습에
애처롭게 피어나는
그리움의 꽃이 되어
안타까움이라는 열매를 맺고
나뒹구는 안타까움에
흩어져버린 미련을 주어 담아서
지우지 못할 아쉬움을 싣고
사랑하지만 느끼질 못하고
그리웁지만 만질 수가 없는 마음이
다가가지만 사람이 다가서지 않아 있는…
내 사랑에 대한 경건함
내 그리움에 대한 절실함
당신은 모르실 거야~
얼마나 사랑했는지
얼마나 사모했는지
얼마나 사무치는지…

사랑보다 깊은 상처

사랑의 끝은 그리움입니다
그리움의 끝은 기다림입니다
기다림의 끝은 아픔입니다

사랑함에 빠져들고
그리움에 설레고
기다림에 내 마음이 들떠버린
다가서는 마음이 간절해지고
보고 싶은 얼굴이 절실해지는
사랑보다 깊은 상처…

그것은 바로
사랑의 미로에 서 있는
애처로운 남자의 안타까운
사랑의 외침이었습니다…

나비

나풀나풀
바람에 실려왔나
하늘하늘
햇살에 밀려왔나
실처럼 가느다란 다리로
뒤집어진 니은을 수놓네

커다란 눈망울로
꽃 꿀을 찾네
사락사락 꽃가루에
세수를 하네

온몸에 달콤한 꽃향기가 폴폴 나네
파란 하늘 살아 있는 정령이네.

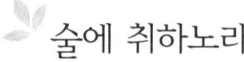 술에 취하노라

열심히 살고
또 살아서 걸어온
내 인생 길에
한 줌의 낙엽이 되어
바람 따라 굴러다니네

얻은 것은 무엇이고
잃은 건 또한 무엇이더냐
있고 없고의 반복 속에서
이 몸은 썩어가거늘
이 슬픔 못 이겨
바람과 비를 안주로
오늘도 이렇게
내 생에 목젖을 적신다.

그대 곁에 잠들고 싶어

그리움이 스며드는 그곳에
마음이 편해지는 그곳에
사랑이 느껴지는 그곳에

내 사랑의 보금자리가 있고
내 사랑의 포근함이 있고
내 사랑의 행복함이 있고

따사로움이 그윽한 포근함이
그윽한 사랑이 그윽한
그대 곁에 잠들고 싶어.

행복이 있다

오다가다 주다 받다 행복이다
누구에게나 행복이 있다
다만 똑같은 일을 당하더라도
사람마다의 행복의 크기가 다르다는 것…

받기만을 원했던 행복이
행복하지만 않을 것이고
주기만을 원하는 행복
또한 없을 것이어늘…

행복을 주어라
그러면 더 큰 행복을 받을 것이다
행복을 누리라
그러면 삶의 진정한 의미를
깨달을 것이다

행복을 저축하라
그러면 행복한 인생을

살 수 있을 것이다
행복한 생각을 하라
그러면 언제나 행복할 것이다

우리 모두가 행복한 그날까지…
오다가다 주다 받다 행복이다…

그리움

만약 그리움이 노래라면
너를 위하여 부르리
낮과 밤이 따로 없이
목이 쉬어 멜로디로 들리지 않더라도
너만 불러올 수 있다면
만약 그리움이 바람이라면
너를 위하여 불어가리

낮과 밤이 따로 없이
산이 가로막고 물이 가로막아도
너에게로 갈 수만 있다면
만약 그리움이 쓰디쓴 술이라면
너를 위하여 마시리

낮과 밤이 따로 없이
다시 깨여나지 못한다고 해도
네 얼굴에 웃음꽃 피워준다면.

사랑의 짐

처녀는 가슴에 안기는
무거운 사랑을 품는다
그렇게 귀중한 총각머리
한 손으로 보듬으며 보듬으며

쇠처럼 무거운 사랑에 짓눌리자
빠질세라 의자의 지렛대
꽉 잡는다 하지만
그의 가슴 나비는 춤추고
장미꽃 향기 냇물로 흘러라 하지만
하지만 처녀는
어깨로 가벼이 떠메려 하네
사랑의 무거운 짐!

가질 수 없는 너

사랑이 다가가지만
마음이 다가가지만
사람이 다가갈 수 없는 그 아픔…

그리움이 다가오지만
미련이 다가오지만
사람이 다가오지 않는 그 안타까움…

사랑한다는 마음으로도
가질 수 없는 사람이 있어
내 마음이 당신 곁에 있어도
널 갖진 못하잖아?

장미

외롭게 홀로 피어 있는 장미 한 송이
잿빛 하늘에 물들어가고…
부는 바람에 이리저리 휘둘리는데
너는 무엇을 위해
그리도 고독하게 있는 것이니
무엇을 기다리고 있는 걸까

주변엔 피지 못하고
스러져버린 친구들만 즐비한데
너도 머지않아 친구들처럼 스러져가겠지
그래도 너의 그 도도한 모습이
무척이나 매력적이다

그래, 네가 원하는 대로…
조금은 힘들고 외롭더라도
버려진 시간이 아닌
주어진 시간 속에서
네가 원하는 것 모두 이루렴.

용서

지금 창밖에는
추적추적 비가 내리고 있네요…
당신과 헤어지던 날…
당신과의 마지막 날에는
이 세상도 끝나는 줄 알았습니다

당신을 미치도록 사랑한 만큼
그 순간 미쳐버리는 줄 알았습니다
당신을 죽을 만큼 사랑한 만큼
내 심장이 멈춰버리는 줄 알았습니다

누군가가 인간은
참 간사한 동물이라 했던가요?
당신이 없으면 죽을 것만 같았는데
내 곁에는 다른 사람이 살고 있고
당신도 또 다른 사람 곁에 있습니다

세월과 시간이 꽤 많이 흘러서
이미 당신이 지워지고 잊혀진 줄 알았는데
이렇게 비가 내리는 날에는
당신을 내 가슴은 너무나 선명하게
그려내고 있습니다…
그만큼 당신이 내 가슴에 깊이 박혀
지울 수도 잊힐 수 없었나 봅니다
보고 싶네요 눈물이 나올 만큼…

밥은 잘 먹고 다니나요?
어디 아픈 곳은 없나요?
당신도 나만큼 그리운가요?
당신을 향한 나의 그리움은
어쩌면 내 심장 멈추어야
그제야 멈추어지려나 봅니다….

나를 잊지 말아요

언제나 오실까…
언제나 찾아주실까…
들리는 소리 소리마다
초록의 외로운 그리움…

동아줄에 맘 묶여
헤어나지 못하고
외면된 눈길
인내의 쓴맛 눈길
받고 싶은 한 송이 두 송이
그 애절함 운명이었을까…

뜨거운 여름날 담장 넘어
수줍게 고개 내민 그 고운 자태
애처로운 눈빛 기다림…
기다림만 하다
고개 떨구고만 능소화~

나를 잊지 말아요
하늘로 오르고 땅으로 내려와
그리움 풀어놓은 주홍빛 물감
죽어서도 긴 한숨 날아든
그 기다림은 숙명이었을까…

아직도 접지 못하고
펼쳐지는 곧은 절개
보는 이의 가슴…
가슴에 묻은 여자의 일생이
능소화의 전설이었다.

가나다라마바사아자차카타파하…

가려는 그대 발목 잡고 선 나약한
나를 용서해주오
다시는 그런 말 안 할 테고
라이트마냥 그댈 비출 테니
마음을 돌려 곁에 와주오
바보같이 자작시만 써서
사랑하는 마음을 보여주니
아무런 의심 말고 와주오
자랑찬 여인 되고 싶어서
차가운 방에서 글을 남기니
카톡메시지든 전화로든 연락줘요
타협이라 생각하고 와줘요
파티도 준비했으니 오시면
하늘처럼 그대를 모시리라

하파타카차자아사바마라다나가…

하늘처럼 그리운 당신
파란만장한 나의 인생
타향에서 서럽게 일해
카드에 꼬박 저축하고
차표 한 장을 끊어올게
자기의 품에 돌아갈게
아주 미치게 보고 싶어
사랑해 죽도록 사랑해
바로 만나서 결혼하자
마음속에 오직 당신뿐
라일락 꽃 같은 당신
다시는 헤어지지 말자
나는 오늘도 당신 생각
가면 행복하게 잘 살자

머리가 마음에게 지는 이유

여리고 약한 마음이는
세상 물정을 너무 모른다
내가 보기엔 그 사람은
단순한 호의일 뿐인데,
마음이는 그 호의에 의미를 부여한 채
원하는 대로 상상의 나래를 편다
내가 아니라고, 아니라고,
그저 호의일 뿐이라고 하지만
그때만 알아들을 뿐 늘 항상
스스로 다치고 아파야 단념한다

그런 마음이가 더 많이 상처받을까 봐
안쓰럽고 겁이 나지만
내가 사랑하는 마음이니깐
난 그녀가 원하는 걸 결국 꺾지 못하고
져줄 뿐이다
그래… 그래…
난 항상 마음이에게 진다.

제4부

꽃과 시

 광대

거울에 비친 내 모습이 웃지 않아도 괜찮아
가면에 가려지면 웃을 수 있을 테니까

알고 있죠 그대는
가면 속에도 표정이 있음을
가르쳐준 그대니까
알고 있겠죠 그대는
다신 울지 않겠어요
우는 날 아무도 봐주지 않을 테니
그대 보는 내 얼굴은
가면 뒤에서 웃고 있어요

알고 있죠 그대는 가면 속에도 표정이 있음을
가르쳐준 그대니까 알고 있겠죠 그대는
떠나가지 말아요
그대 없인 웃을 수 없어요
가져가지 말아요
그대밖엔 볼 수 없어요.

눈물을 삼키면 안 되는 이유

입으론 울지 않겠다 다짐해도
마음은 가끔 울어야 할지도 모릅니다
웃고만 살아가려 애써 눈물을 참아도
마음이 자꾸 외롭다… 외롭다…
말을 건네오기 때문입니다

가끔씩 울어도 괜찮은 인생입니다
삶을 마주한 순간부터
누구나 외로운 인생과 동반하며 걷습니다

아무리 바쁜 발걸음으로
내 안에 빈 마음을 포장하려 해도
나 역시 허탈한 마음이
가득하기는 마찬가지였습니다

눈물이 맺히거든 흘려내야 합니다
눈물을 비워낸 눈가에 헛헛한 웃음이라도
지어낼 수 있도록….

시간이 지우개입니다

연필 있으세요
지금 가장 싫어하는 사람의 이름을 써보세요
쓰셨나요
이제 연필을 내려놓으세요
그리고 지우개를 드세요
지우개로 방금 쓴 이름을 지우세요
깨끗하게
지우개똥은 훅 불어 날려버리세요

그리고 다시 연필을 드세요
이번엔 내가 5년 전에
가장 싫어했던 사람의 이름을 쓰세요
쓰셨나요?
조금 전에 지웠던 이름과 같은 이름인가요
아마 다른 이름일 겁니다
그렇습니다
시간이 지우개입니다.

물이 되고 구름 되리라

물이 되고 구름 되리라
인생은 물이여 구름이여
흐르고 흐르고 또 흘러서
어디까지 흘러야만 하는 것인지
인생의 흐름 속에서 땀범벅 피범벅 되어
이 몸은 지쳐가고 인생의 흐름 속에서
무엇을 위하여 몸부림쳐야 하는지
흐르고 또 흐르고 흐르다
증발돼 구름이 되어
흐르고 또 흐르고 언젠가 비로 되어
이 땅을 적시니 흐르고 또 흐르고
인생의 흐름 속에서
물처럼 구름처럼 흐를 수만 있다면
증발되어 구름처럼 흐를 수만 있다면
여름날에 소나기를 만들어
이 땅을 적신다면 이 세상 잠시만이라도
밝혀주고 적셔준다면 기꺼이 물이 되고
구름 되리라.

꽃과 시

꽃이 피는 날
시도 꽃처럼 피어난다
꽃이 마르면 시도 마르고
시가 마르면 꽃도 시든다

꽃이 시 되는 날
시인의 시는 꽃으로 변한다
꽃과 함께 피고
꽃과 함께 지는 게 시다

시인의 시도
꽃 중에서 피고 질 때
시는 더 이상 시가 아니고
꽃도 더 이상 꽃이 아니다.

향수

찌륵 찌륵
밤 풀벌레 울며불며
조각내는 밤

똑딱 똑딱 시계바늘
밤 안은 가슴에도
시계를 그린다

뚜욱 뚜욱 떨어져
호수가 되려나
머나먼 그리움이여!

빗소리

절주 있게 철판을 두드리는 소리
자정을 향해 달리는 발자국 소리인가
아니면 그 누가 불러주는 자장가인가

이 밤중에 흩날리는 빗방울 소리
칸칸이 넘쳐흐르는 싸늘한 공기
희미한 탁상등 불빛 추억을 불러오나
아니면 여린 가슴 새 아침을 기다리나

이 밤중에 홀로 듣는 빗방울 소리

몸살

몸살
몸이 쑤신 게 아니라
몸을 쑤시는 거다

그러니까 그동안 몰라준
니가 와서
내 몸을 쑤시는 거다

이쑤시개처럼
송곳처럼 말라서
너는 쑤시는 것 말고는
말을 거는 방법을
모르는 거다

내게 박힌 니가
떨리는 거다
우는 거다.

어떤 이들은

어떤 이들은 말을 깎아내려 입지를 세우고
어떤 이들은 말을 거들어 입지를 세우고
어떤 이들은 말을 보태서 입지를 세우고
어떤 이들은 말을 모아서 입지를 세우고
어떤 이들은 자신의 말로 입지를 세우고
어떤 이들은 말을 끊고
움직임으로써 입지를 세운다.

모래

모래 한 주먹 쥐고
끝없이 펼쳐진 지평선에
힘껏 던져본다
눈부신 햇살에 반짝이는
수많은 모래는
어두운 나의 마음을
환하게 비추어준다

모래 한 주먹 쥐고
높은 하늘 위에
힘껏 던져본다
은은한 달빛에 빛나는
수많은 모래는
반짝이는 별이 되어
어두운 밤의 등불이 되어준다.

시선

사람들은 생각한다
눈물 없이 사는 것은 기계와 같다고
울면 안 된다고 그럼 지금 그대는 어떠할까
사람들은 생각한다
눈물 없이 사는 것은 한없이 슬픈 일이라고
그럼 지금 그대는 어떠할까
괜찮아라고 속삭이는
마음의 소리를 들은 적 있는지
나이가 들면 들수록
눈 속에선 빛바랜 얼룩들만
나이가 들면 들수록
눈물이란 차가운 의기소침인 걸
그래도 다시 한 번 투명한 구슬이 툭
그러다 왈칵 쏟아지는 구슬
삶을 살 만큼 살아 참고 또 꾹 참아보아도
어쩔 수 없는 구슬
참아야만 하는 구슬들
풍선이 되어버린 구슬

그리고 떨어지는 구슬
흘리면 흘릴수록
나약해져 보인다는 사람들의 시선
강하게 살기 위해 강하게 만들어주는
넘쳐나는 물방울들 어김없이 꾸우욱
풍선이 되어버려 참을 수 없는
풍선이 되어버려
방 한 곳 막다른 골목 사이
덩그러니 터져버려
쏟아져버리는 눈물 비가 내리니
시원한 바람이 돌덩이들을
머얼리 아주 멀리
나알려버려 주는구나
울어보자, 내가 아닌 내가 되어
어린아이가 되어 그래서 사람들은
거꾸로 다시 돌아가버리잖아?
그동안 참아왔던 것들을
다 쏟아붓듯이 지금이라도, 늦지 않아.

나를 잊지 말아요

언제나 오실까
언제나 찾아주실까
들리는 소리 소리마다 초록의 외로운 그리움
동아줄에 맘 묶여 헤어나지 못하고
외면되어진 눈길 인내의 쓴맛
눈길 받고 싶은 한 송이 두 송이
그 애절함 운명이었을까
뜨거운 여름날 담장 넘어 수줍게 고개 내민
그 고운 자태 애처로운 눈빛
기다림 기다림만 하다
고개 떨구고 만 능소화~ 나를 잊지 말아요
하늘로 오르고 땅으로 내려와
그리움 풀어 놓은 주홍빛 물감
죽어서도 긴 한숨 날아든
그 기다림은 숙명이었을까
아직도 접지 못하고 펼쳐지는 곧은 절개
보는 이의 가슴… 가슴에 묻은
여자의 일생이 능소화의 전설이었다.

그래도

그래도 어둠 속에서
춤을 추는 마음의 소리
사람 같은 사람아
사람 같은 마음아

알아주기를
소망하는 이쁜 것들아
소리를 내어주어
너에게 또한 나에게
다가올 수 있도록
하나의 꿈들이
피어날 수 있도록
춤을 추거라

여린 새싹들아
춤을 추며
피어날 수 있도록.

꽃

살랑거리며 눈웃음을 치네
또 한번 넘어갈라 이리 쿵 저리 쿵
춤을 추며 온갖 이야기하는
따스한 손 이리 쿵 저리 쿵
날아가라 더 빠르게
온갖 솜들을 더 뿌려주어라
이리로 저리로 사람 같은 사람아
강렬하게 춤을 추어라
눈을 감으면 찌를 듯한
향기를 남아돌게 해주어
잊을 수 없게 실컷 웃어주어라
돌아가고 싶어 돌아갈 수 없는
생각들이 후회들이 춤을 출 수 있게끔
너네들을 보면 있잖아? 있잖아…
어린아이가 되어 한없이 웃다 울다 지쳐
다시 한 번 웃는다
진한 냄새의 말들이 웃는다
환하게 다시 웃는다.

슬픈 추억

못 박힌 세월들이 빠지질 않는다
행여 빠질까 봐 조심히 또 조심히
간직하고 있는 손 잊혀질까 봐
더욱더 꾸욱 못을 잡아 쑤셔 넣는다

수많은 창들이 날아오는 느낌
그래도 언제나 잡고 있는 못
소중한 것은 후련한 마음이 아니기에
못 박혀 여러 창들이
촉 촉 구멍을 쏟아내는
병든 닭마냥 울부짖는 마음이 소중하기에

바람이 찾아와 시려도
수많은 눈물들이 찾아와
그곳에 매여 있어도 뺄 수가 없어
언젠간 녹아 흘러가는 강물처럼
웃을 수 있도록.

세상살이

구멍 속에 파여 있는 자리
알 수 없는 깊이
그 속에 푸르른 상자가 있기에
달려가는 치타

날카로운 가시와 넝쿨
날아드는 칼날들
상처 투성이가 되어도
앞으로 앞으로 알 수 없기에
달려간다, 오늘도 그래야 되니까…

치타 같은 거북이가 되고 싶은 오늘
가끔은 느려지고 싶고
가끔은 치타들을 따라하고 싶지 않은데
그래도, 그래도 거북이처럼 뒤처질까
오늘도 나 또한 치타

밤하늘 별

속에서 빛나는 상자들
끝을 알 수 없는 미로 속에서
마음을 알아주는 듯
유혹하는 사람아

우울한 마음, 기쁜 마음
슬픈 마음, 외로운 마음
하나같이 이쁜 빛을
내어주는 마음이
피어나구 있구나

속에서 빛나는
마음 끝을 알 수 없는
깊은 구멍 속에서
허우적되어도
잡히질 않는데.

날개 옷

멍하니 생각하노라면
내 품속에서 그대가 나와
나를 입고 거리를 거닐죠

그렇게 하나가 되어
온 세상은
핑크빛으로 물들고
구름 위를 걸어 다니겠죠
사뿐히…
사뿐히…

천성

너는 언제나 조금씩 늦는
나를 기다려주었고
난 언제나 문 앞엔 네가 있을 줄 알았다

누군가는 '아직'이냐고 묻지만
나에게는 '겨우'인 시간이다

우리 집 앞산의 얼굴은
여덟 번 바뀌었고
추억할 만한 모든 것들이 변했지만
나는 그대로이다

여전히 느리고
너에게 너무 게으른 옛사랑이다.

이제야, 그립다

봄비에 벚꽃이 져버리니
이제야, 떨어지는 벚꽃이 아쉬워
너를 보내고 나니 이제야, 떠난 네가 그립다
그렇게 곁에 있을 때
벚꽃을, 너를, 몰랐던 나는
지금에야 그립고 아쉽다

벚꽃 때문에 차가 막힌다며 투덜거리고
너 때문에 숨이 막힌다며
매일 너를 힘들게 했어
나는 곁에 있을 때는
모르고 사는 사람이니까

이제는 너무 멀어진 것들이라서
꽃이 만발한 그 짧은 순간을
쉽게 지나쳐버렸던 순간의 나도
지쳐가는 네가 그저 잠시일 거라고

안일하게 생각했던 나도
후회해도 돌이킬 수 없는 시간들이라서
비에 져버린 벚꽃은 그래서 더 빛나고
나에게서 떠난 너는
그래서 더 보고 싶어
벚꽃도 너도 이제는 마지막이니까
더 이상 내 것이 아니라는 걸 아니까
그래서 더 안타깝고 그래서 더 아름다워
그런데, 벚꽃은 일 년만 기다리면 되잖아
너도, 일 년이면 된다고 말해주면 안 돼?

빗속의 강아지

비 내리는 이른 아침에
어느 집 마당에 앉아
비를 맞으며 앉아 있는
강아지 한 마리가 있습니다

비를 맞아 무거워진 털들을
털어낼 생각은 하지 않는지
그 자리에 앉아 꿈쩍도 하지 않고
맞은편 길을 바라보며
가만히 앉아 있습니다

누구를 기다리는 건지
아니면 자신의 기분이
지금 내리는 비와 같은 건지
그 자리에 미동도 없이 있습니다

그대를 기다리는 나도
내리는 비를 맞으며

펑펑 울며 나의 마음을
꺼내보고 싶지만
미동 없이 앉아 있는 강아지를 보며
흘러내리는 눈물을 참아봅니다

기다림이라는 포장 속에서
나의 행동을 정당화하며
그대를 기다리는 일이 진심인지
미련인지 아니면 혼자만의 만족인지
나는 알 수 없기에 빗속의
강아지에게 물어봅니다.

지하철

문이 열리면 앞서 탄 선배들이
말없이 맞이해준다
문이 닫히고 닭장 속 닭처럼
어딘가로 실려간다
어디로 가십니까
속으로 물어보지만
아무도 말이 없다

문이 열린다
후배들이 전철에 실린다
말없이 맞이해준다
문이 닫히고 상자 속 병아리떼처럼
어디로 실려가는 걸까
어디로 가십니까
누군가 물어보지만
할 말이 없다 해줄 말이 없다
그저 돌고 도는 열차처럼
내일도 이 자리일 테니

생각하세요

창밖의 나팔꽃 넝쿨이 흐트러짐을 보고
지나가는 바람이 한숨짓는다

누군지 궁금하면
그 푸른 잎 뒤에 내가 숨죽이며
홀로 한숨짓는 줄 생각하세요
그대 뒤에서 무슨 소리가 나직이 들려와
그대 이름 멀리서 부른다

돌아볼 거라면
뒤 아오는 그림자 속에 내가 있어
그대를 찾는 걸로 생각하세요
어두운 밤에 그대 가슴 왠지 모르게
쿵쾅거려 산산이 흩어져 설레고
뜨거운 입김을 입술에 느끼시거든
그대 눈에 보이지 않아도 그대 바로 곁에
내 영혼이 함께한다 생각하세요.

은빛 물결

가시리 오름길에 세찬 바람
가을빛 바람 타고 오른 언덕
은빛 물결 출렁이는 황홀함 가득
때 이른 손님인 양 눈밭으로 변했네

바람 따라 춤을 추는 은빛 물결
바람 따라 흩날리는 하얀 억새
억새가 나인지, 내가 억새인지
우리 하나 되는 순간에 흠뻑 취하고
넓은 들판에 하얀 설탕 뒤덮여
손 닿으면 솜사탕 되어
저 멀리 날아가네.

바다와 갈매기

차가운 바닷바람과 비릿한 냄새
밀물과 썰물이 교차하네
서서히 드러나는 넓은 갯벌 갈매기 떼
놀이터로 운동장 되었네

무엇을 찾는지,
하얀 신이 검은 신 되고
날갯짓하다 백색의 옷 얼룩이 되어
파란 하늘에 점을 찍네

끼룩끼룩- 즐거움에 그러는지
끼룩끼룩- 배가 고파 그러는지
끼룩끼룩- 엄마 아빠 그리워 우는지
푸른 창공 힘차게 힘차게 날갯짓하며
저 멀리 점이 되어 사라지네.

여름날의 모기

무덥고 싱그럽던 그해의 여름처럼
네 옆에 내가 있던 그해의 여름
유난히도 모기는 나만을 물어뜯었고
그것이 네 탓인 양 나에게 미안해했다

몇 년이 지난 오늘의 여름 그대로인 것은
오직 네 옆에서 모기에게 시달리는
나를 바라보는 너의 미안한 표정
모기가 남기고 간 빨간 자국
그 자국과 같이 너는 나를 물들이고
어디론가 날아가버렸다
환청인지 귀에는 윙윙 모기가 운다.

우리가 살아가는 법

마음이 무너진 자에게는
내 작은 품으로 안아주고 싶다
화가 많이 난 자에게도
내 작은 품을 빌려주고 싶다

먹먹해서 멍한 사람에게도
가만히 다가가 손 잡아주고 싶다
외로운 자에게도
내 작은 손으로 잡아주고 싶다

한 사람의 아픔과 슬픔을 품으면
그 사람의 우주가 나의 우주에 닿는다
그렇게 우리는 다시
힘을 내어 살아갈 수가 있다.

풀과 꽃과 사람들에게

그렇게 비를 피하기에만
바빠하지 말고 바라봐요

메마름에 간절히 비를 바라던
풀들의 반가운 마음을 그렇게
바쁘게만 가지 말고 바라봐요

노을빛 머금은 꽃들의 얼굴을 그렇게
문을 닫기만 하지 말고 바라봐요

방 하나만 한 공간 사이에 두고
함께 사는 이웃을 그렇게
거리 두기만 하지 말고 다가가요

만나고 함께 살아가는
풀과 꽃과 사람들에게….

꽃을 꺾지 마세요

무심히 지나가다
발걸음 멈춘 이여
그 손길을 멈추세요

당신이 꺾으려는 이 꽃,
이 꽃은 이 꽃은 말이에요
해와 달의 시선과
비와 바람의 손길로
만들어낸 꽃입니다

이 꽃은 우리들의 꽃이고
아이이며 삶의 일부입니다
당신을 위함으로
또 다른 당신을 위하여
꺾어 취하지 마세요
그저 잠시만 멈추어서
당신과 이 꽃의 일생을 바라보세요.

 ## 동업자

차인 건지 차버린 건지
날아가버린 축구공
기척 없이 다가왔지

눈이 맞았다
손을 잡았다 그러나
설레는 맘은
살점 뜯기는 아픔이었다

졸라맨 매듭으로
동그랗게 말린 새끼줄
속내 맞추다 지친 설움
닳았다 풀렸다
불운의 동업자

행복의 크기

나는 반듯한 멋있는 집에
살지 못함을 불평했습니다
헌데 나보다 더 굶주린
기아에 허덕이는 사람을 보았습니다

그 사람에 비하면
매일 배부르게 먹을 수 있다는 것 또한
얼마나 감사한 일인지를 알았습니다

세상에는 둘러보면
우리보다 가난하고 불우한 이웃들이
너무 많다는 것을 새삼 느꼈습니다

더 잘살기 위해 더 잘 먹기 위해
항상 욕심을 부려온 나였지만
오늘은 내가 가진 것 얻은 것의 크기를
마음으로 재어보며 너무 행복한 사람이라는 것을
깊이깊이 깨달았습니다.

아름다움을 자랑하던 철나무

우리 집에 매력이 넘쳐나던 철나무여…
주인을 찾아오던 손님마다
어여쁜 너의 모습에 반하여
이 지구촌에서 제일 아름다운 단어를
아낌없이 선물하여
향기와 미를 자랑하던 우리 집 철나무여
너를 떠나 얼마더냐 너는야
주인 없는 빈 공간에서 쓸쓸함과
고독이란 무언지를 뼈저리게 실감하였으리라

철나무야 너는야 곁에 화초와 친구하면서
너의 주인의 사랑의 손길을
애타게 고대하였겠지…
무정한 세월은 너의 아름다움을
한 이파리 한 이파리 시누렇게
가을 단풍으로 변신시키어
그 누구도 관심 없는 철나무로 되어
지금쯤은 쓰레기장에 종적을 감추었으리라.

살살이꽃

연습 삼아 처음 만드는 꽃
꽃잎 일곱 번째 붙이다 머뭇거린다
충분한 간격 오붓한 꽃술
마음 한 곳으로 모은 순정 하늘거린다
가녀리다 너무 여려서
꽃잎 끝에 이빨을 세워준다
웬만하면 바람 물어 뜯고
햇살을 찔러서 가슴 오롯이 순결하라고
다지류 이파리까지 다는데 자꾸 분홍 물이 든다
자줏빛 설렘이 짙어진다
빨갛게 숨이 차는 간절함
외면하지 못해 안의 소리 크다
돌보지 못할 조화 만들지도 마
연습과 실습 사이에서 갖은 색깔 물들어가는 갈등
우주가 처음 코스모스를 만들 때도 그랬을까
여덟 번째 꽃잎을 단다
단단하고 촘촘함 순정
정면을 보지 않고 하늘만 본다.

어머니 · Ⅱ

어머님의 얼굴은 잔풀 많이 난
어느 수림 속에서 오불고불 밭고랑을 지나
좁디좁은 강물을 이룬다

개울마냥 말라버리기도 하고
사막마냥 물 한 방울 찾지 못하는
삶의 진실에 완전한 포로가 돼도
마음속 깊이 흘러나오는 정은
폭풍우를 이루어
정처 없이 쏟아질 때가
한두 번이 아니다

바람에 허우적거리는
지친 몸짓의 그림자마저
고생을 삼키며 열심히 생활하는
한 폭의 아름다운 그림으로 느껴진다.

인스턴트커피

쉽게 산 사람들의 깨달음은 쿨하고
전쟁한 자의 깨달음은 소멸로 간다고 했다
비굴하고 더러운 건 세상을 보는 눈이 아니라
쿨하지 못해서 일 거다

인스턴트커피 한 잔에 반감이 올 때가 있다
따가운 물 위로 작은 잿더미 같은 커피가루들이
물거품에 휘말려 덩이가 되고
시체가 되어 찌그러진다
뼛가루라도 마시는 더러운 기분이지만
커피 향이 그득하다
살고 있는 순간순간들이 가루가 되어 흩날린다

오늘도 난 나는
날개를 처연하게 퍼덕이다가 지친다
인스턴트커피에 반한다
세상에 반하지는 않았으나
반한 것처럼 살고 있다.

효

인생길 어귀마다 욕심나무 심어놓고
그 나무 가꾸기에 동분서주 바빠 나서
한평생 자식위해 뼈와 살 내주시고
서산을 넘어나서 노을만 남아계신
늙으신 부모님은 돌볼세 없다 하네

공양미 삼백 석은 천고에 길이 남고
이름 모를 촌부는 제 살 일어 봉양인데
報恩은 고사하고 근심나무 심는구나
가다가 돌아보면 그 자취 간데없어
효란 말 끌어안고 울어본들 무엇하리

살다가 살다가 내 낳은 자식 놈이
행여나 행여나 효에 대해 물어오면
부끄러운 몸뚱아리 어디에다 감출고…